上海市工程建设规范

城市轨道交通专用无线通信系统技术标准

Technical standard for dedicated radio system of city rail transit

DG/TJ 08—104—2022
J 10343—2022

主编单位：上海申通地铁集团有限公司
批准部门：上海市住房和城乡建设管理委员会
施行日期：2022 年 12 月 1 日

同济大学出版社

2024　上海

图书在版编目(CIP)数据

城市轨道交通专用无线通信系统技术标准/上海申通地铁集团有限公司主编.—上海：同济大学出版社，2024.7

ISBN 978-7-5765-1154-3

Ⅰ.①城… Ⅱ.①上… Ⅲ.①城市铁路-轨道交通-无线电通信-技术标准 Ⅳ.①U239.5-65

中国国家版本馆CIP数据核字(2024)第099858号

城市轨道交通专用无线通信系统技术标准

上海申通地铁集团有限公司　主编

责任编辑　朱　勇
责任校对　徐春莲
封面设计　陈益平

出版发行　同济大学出版社　　www.tongjipress.com.cn
　　　　　(地址：上海市四平路1239号　邮编：200092　电话：021-65985622)

经　销	全国各地新华书店
印　刷	浦江求真印务有限公司
开　本	889mm×1194mm　1/32
印　张	1.875
字　数	47 000
版　次	2024年7月第1版
印　次	2024年7月第1次印刷
书　号	ISBN 978-7-5765-1154-3
定　价	30.00元

本书若有印装质量问题，请向本社发行部调换　　版权所有　侵权必究

上海市住房和城乡建设管理委员会文件

沪建标定〔2022〕370号

上海市住房和城乡建设管理委员会关于批准《城市轨道交通专用无线通信系统技术标准》为上海市工程建设规范的通知

各有关单位：

由上海申通地铁集团有限公司主编的《城市轨道交通专用无线通信系统技术标准》，经我委审核，现批准为上海市工程建设规范，统一编号为 DG/TJ 08—104—2022，自 2022 年 12 月 1 日起实施。原《城市轨道交通专用无线通信系统技术规范》(DG/TJ 08—104—2014)同时废止。

本标准由上海市住房和城乡建设管理委员会负责管理，上海申通地铁集团有限公司负责解释。

上海市住房和城乡建设管理委员会
2022 年 8 月 8 日

前　言

根据上海市住房和城乡建设管理委员会《关于印发〈2020年上海市工程建设规范、建筑标准设计编制计划〉的通知》(沪建标定〔2019〕752号)的要求,由上海申通地铁集团有限公司会同相关单位,在认真总结原上海市工程建设规范《城市轨道交通专用无线通信系统技术规范》DG/TJ 08—104—2014的基础上,结合近几年城市轨道交通专用无线通信系统技术发展的实际情况进行全面修订,以适应城市轨道交通运营对专用无线通信系统不断发展的业务需求。

原上海市工程建设规范《城市轨道交通专用无线通信系统技术规范》DG/TJ 08—104—2014是针对TETRA数字集群通信系统编制的。近几年,随着专用无线通信系统技术的发展,上海轨道交通从14、15、18号线开始建设基于LTE技术的B-TrunC宽带集群通信系统。

本次修编增加了城市轨道交通B-TrunC宽带集群系统的系统架构和组成、信号覆盖、工作频段和信道带宽、业务和功能要求、性能要求、设备技术要求、接口要求、标识和编解码要求等,保留了原标准中关于TETRA数字集群系统的大部分内容,修改了以下内容:①简化了交换中心设置的要求,删除了降级功能的相关要求;②整合了用户配置中的条款;③将光纤直放站指标修改为数字直放站的指标。

各单位及相关人员在实施本标准的过程中,如有意见或建议,请反馈至上海市交通委员会(地址:上海市世博村路300号1号楼;邮编:200125;E-mail:shjtbiaozhun@126.com),上海申通地铁集团有限公司技术中心(地址:上海市桂林路909号1号楼;

邮编:201103;E-mail:xuzhipeng@shmetro.com),上海市建筑建材业市场管理总站(地址:上海市小木桥路683号;邮编:200032;E-mail:shgcbz@163.com),以供修订时参考。

主 编 单 位:上海申通地铁集团有限公司
参 编 单 位:中铁上海设计院集团有限公司
上海邮电设计咨询研究院有限公司
上海市隧道工程轨道交通设计研究院
北京中兴高达通信技术有限公司
华为技术有限公司
上海三吉电子工程有限公司
主要起草人:纪文莉　胥智鹏　王　森　柏　锋　许　锐
张鹏辉　沈新华　张　孟　刘　晖　张立东
占三毛　郑燕燕　周　晨　何　洁　唐晨彬
冯　芒　郭　瑞　李　炜　卢　滢　王　茜
杜　斌　余勇军　陶　城　袁志骞　沙　宏
主要审查人:郑国莘　赵晓蓉　李侠宇　陆唯群　邹劲柏
秦　方　傅　丹

上海市建筑建材业市场管理总站

目次

1 总则 ··· 1
2 术语和缩略语 ·· 2
　2.1 术语 ··· 2
　2.2 缩略语 ·· 3
3 宽带集群通信系统 ·· 5
　3.1 系统架构和组成 ·· 5
　3.2 无线信号覆盖 ·· 6
　3.3 工作频段和信道带宽 ·· 6
　3.4 系统业务与功能要求 ·· 7
　3.5 系统性能要求 ··· 10
　3.6 系统设备技术要求 ·· 11
　3.7 终端设备技术要求 ·· 12
　3.8 系统间接口要求 ·· 14
　3.9 与其他系统接口要求 ··· 14
　3.10 标识和号码要求 ··· 15
　3.11 音视频编解码要求 ·· 16
4 TETRA 数字集群通信系统 ··· 17
　4.1 系统组网 ·· 17
　4.2 系统设置 ·· 17
　4.3 设备组成 ·· 20
　4.4 系统主要功能 ··· 21
　4.5 系统主要技术指标 ·· 24
　4.6 设备主要技术要求 ·· 25
　4.7 接口要求 ·· 27

5 其他要求 ……………………………………………… 29
本标准用词说明 ……………………………………… 30
引用标准名录 ………………………………………… 31
标准上一版编制单位及人员信息 …………………… 32
条文说明 ……………………………………………… 33

Contents

1 General provision ·· 1
2 Terms and abbreviation ··· 2
   2.1 Terms ·· 2
   2.2 Abbreviation ··· 3
3 Broadband trunking communication system ················· 5
   3.1 System architecture and design ······················ 5
   3.2 Wireless signal coverage ······························· 6
   3.3 Frequency band and width ···························· 6
   3.4 Service and system function requirements ········· 7
   3.5 System performance requirements ·················· 10
   3.6 System equipments technical requirements ········ 11
   3.7 Terminal technical requirements ···················· 12
   3.8 System inner interface requirements ··············· 14
   3.9 External interface requirements ···················· 14
   3.10 Identity and number requirements ················ 15
   3.11 Audio video codec requirements ·················· 16
4 TETRA digital trunking system ····························· 17
   4.1 System networking ····································· 17
   4.2 System setting ·· 17
   4.3 Equipment composition ······························· 20
   4.4 System general function ······························ 21
   4.5 System technical index ······························· 24
   4.6 Equipment technical requirements ·················· 25
   4.7 Interface requirements ································ 27

5 Other requirements ·· 29
Explanation of wording in this standard ························ 30
List of quoted standards ·· 31
Standard-setting units and personnel of the previous version
·· 32
Explanation of provisions ··· 33

1 总 则

1.0.1 城市轨道交通专用无线通信系统(简称"专用无线通信系统")为轨道交通的语音、视频和数据信息传送提供可靠的通信手段,为轨道交通网提供高效、安全、便捷的集群调度指挥服务,同时服务于行车指挥、应急抢险、维保管理、车站作业等。为统一轨道交通专用无线通信系统的技术要求,特制定本标准。

1.0.2 本标准适用于城市轨道交通中地铁、轻轨新建、改扩建专用无线通信系统的规划、设计、建设和验收。

1.0.3 城市轨道交通新建和升级改造的专用无线通信系统应采用宽带集群通信系统,扩建和局部改造的专用无线通信系统可采用 TETRA 数字集群通信系统。

1.0.4 专用无线通信系统应集约化建设,重视节能减排和环境保护。系统所使用的无线电发射设备应依法取得型号核准证且符合国家规定的产品质量要求。

1.0.5 专用无线通信系统的规划、设计、建设和验收,除应执行本标准外,还应符合国家、行业和本市现行有关标准的规定。

2 术语和缩略语

2.1 术 语

2.1.1 宽带集群通信 broadband trunking communication(B-TrunC)

由我国提出的基于 TD-LTE 的宽带数字集群通信标准,支持宽带数据传输业务、语音和多媒体形式的指挥调度业务。

2.1.2 调度台 dispatcher

通过有线或无线方式连接到集群核心网、发起集群调度业务的特殊终端,业务权限高于普通终端。

2.1.3 陆上集群无线电系统 terrestrial trunked radio (TETRA)

欧洲电信标准协会(ETSI)推荐的一种数字集群移动通信系统标准,主要应用于专用网络调度指挥通信。

2.1.4 二次开发 secondary development

在原装系统提供的应用程序接口基础上,定制开发符合列车无线调度、轨道交通行业用户特殊功能需求和实际操作需求的系统和操作界面。

2.1.5 综合运营协调中心 comprehensive operation coordination center(COCC)

在轨道交通网络中,负责整个网络运营协调、监控的中心,以实现网络各线路有效、合理、协调地运行,最大限度满足客流需求,充分发挥系统整体能力和综合效益,确保网络运营安全高效。

2.1.6 运营控制中心 operation control center(OCC)

线路所有信息的集散地和交换枢纽,是对线路列车运行、电力供应、设施设备、防灾报警等实行调度指挥和管理的中心。

2.1.7 车辆基地控制中心 depot control center (DCC)

负责轨道交通车辆基地内监控、调度、指挥、管理和协调等日常运营维护生产工作的中心。

2.2 缩略语

英文缩写	英文名称	中文名称
AMR	Adaptive Multi-Rate	自适应多速率编码
ATS	Automatic Train Supervision	自动列车监控
B-TrunC	Broadband Trunking Communication	宽带集群通信
BBU	Base Band Unit	基带处理单元
CIF	Common Intermediate Format	通用中间格式
DC	Direct Current	直流电
eHSS	Enhanced Home Subscriber Server	增强型归属用户服务器
eMME	Enhanced Mobility Management Entity	增强型移动管理实体
GPS	Global Positioning System	全球定位系统
IEEE	Institute of Electrical and Electronics Engineers	电气与电子工程师协会
IMSI	International Mobile Subscriber Identity	国际移动用户标识
IP	Internet Protocol	网络协议
IPH	Interphone Handle	乘客应急对讲
LTE	Long Term Evolution	长期演进
MOS	Mean Opinion Score	平均意见得分
MTBF	Mean Time Between Failure	平均无故障时间
MTTR	Mean Time To Restoration	平均修复时间
NTP	Network Time Protocol	网络时间协议

续表

英文缩写	英文名称	中文名称
NAS	Non-Access Stratum	非接入层
RRU	Radio Remote Unit	射频拉远单元
RSRP	Reference Signal Receiving Power	参考信号接收功率
SIP	Session Initiation Protocol	会话初始协议
SNMP	Simple Network Management Protocol	简单网络管理协议
PIS	Passenger Information System	乘客信息系统
TCF	Trunking Control Function	集群控制功能体
TMF	Trunking Media Function	集群媒体功能体
UPS	Uninterruptible Power System	不间断电源系统
xGW	x Gateway	服务和包分组网络网关

3 宽带集群通信系统

3.1 系统架构和组成

3.1.1 城市轨道交通宽带集群通信系统应综合承载行车控制、宽带集群指挥调度业务,宜支持列车紧急文本下发业务、列车运行状态监测业务,可承载车载视频监控业务、车载 PIS 业务。

3.1.2 综合承载的宽带集群调度、行车控制两大核心业务宜采用接入网共享架构。

3.1.3 城市轨道交通宽带集群通信系统的核心网宜多线共享。

3.1.4 城市轨道交通宽带集群通信系统应根据线路规模确定核心网数量,宜采用多核心网架构。

3.1.5 城市轨道交通宽带集群通信系统应由核心网、基站、调度子系统、无线终端和网管子系统组成,应符合下列要求:

  1 核心网应实现宽带集群业务和数据业务,包含 eMME、xGW、eHSS、TCF、TMF 五个逻辑实体;其网元设备可根据实际部署,集成多个逻辑实体功能。

  2 基站应支持数据终端和宽带集群终端的接入,实现宽带数据接入以及宽带集群业务和功能,并应包含 BBU、RRU 逻辑功能单元。

  3 调度子系统应为调度员提供集群业务的调度、管理功能,应包含调度服务器、调度台等设备。

  4 无线终端应通过无线接口连接到基站实现数据和集群业务,应包括车载台、固定台、手持台。

  5 网管子系统应能对系统设备进行操作维护管理,宜包括网管服务器、网管终端等。

3.2 无线信号覆盖

3.2.1 城市轨道交通宽带集群通信系统覆盖范围应包括路网COCC、线路OCC、车辆基地、车站、行车区间等,并应满足下列要求:

  1 路网COCC、线路OCC的覆盖区域应为调度指挥大厅及运营指挥作业区域。

  2 车站覆盖区域应包括站台、站厅公共区、出入口、车控室、设备区主通道和通信、信号、牵引变电等重要机房,换乘站换乘大厅及换乘通道。

  3 车辆基地覆盖区域应包括DCC、信号楼、综合楼、停车列检库及联合检修库区域及车辆基地内的室外作业区域。

  4 行车区间覆盖区域应包括区间正线、折返线、停车线、越行线、渡线、安全线、出入段线和联络线。

3.2.2 行车区间无线信号覆盖应优先采用敷设漏泄电缆方式,站厅、设备区、管理用房等宜采用室内分布系统覆盖,其他区域可根据现场安装条件和覆盖质量要求选择覆盖方式。

3.3 工作频段和信道带宽

3.3.1 系统工作频段应在 1 785 MHz～1 805 MHz 内。

3.3.2 系统支持的工作带宽应包括 1.4 MHz、3 MHz、5 MHz、10 MHz。

3.3.3 系统应与邻频的无线系统协商采取干扰规避措施。

3.3.4 系统在覆盖区同频组网下,应采取措施控制相邻小区的干扰,满足覆盖性能要求。

3.4 系统业务与功能要求

3.4.1 城市轨道交通宽带集群通信系统业务应符合下列规定：

1 系统应支持基于IP的分组数据传输业务、集群业务和多媒体消息业务，可选支持定位业务；其中，集群业务应包括集群语音、集群多媒体、集群数据和集群补充业务四种类型。

2 系统应支持基于IP的分组数据传输业务、集群业务和多媒体消息业务的并发。支持定位业务时，应支持与上述三种业务的并发。

3 各类型业务具体功能要求应符合现行行业标准《基于LTE技术的宽带集群通信(B-TrunC)系统(第二阶段)总体技术要求》YD/T 3839的规定。

4 系统应支持呼叫类业务基于用户、组和业务等的优先级机制，应支持排队和抢占策略的可配置；应支持基于虚拟专网的优先级机制。

5 系统宜支持与轨道交通专用电话间的语音互通业务。

6 系统可支持语音组呼的终端直通业务。

7 系统应采用接入等级控制等策略，应支持不同业务端到端的优先级配置。其中，行车控制、列调集群语音业务应设置为最高优先级，其他承载业务可根据用户要求确定优先级排序。

8 系统宜支持线网级基于集群语音、集群数据的统一调度指挥。

3.4.2 线路调度台应实现下列功能要求：

1 调度台界面应采用统一的图形化中文用户界面设计，调度员应可通过行车线路图直接对列车和车站进行操作。

2 调度台应具备登录、登出、日志管理和系统配置等功能，可依据不同的用户分别配置对应的调度权限、功能资源。

3 调度台应具备单呼、组呼和紧急呼叫等语音通信功能，调度台可接收车载台和固定台的请求呼叫。

  4 调度台应可依据 ATS 信息，通过列车的车次号、运行方向等选择列车进行呼叫。

  5 调度台应实现对正线全部或部分列车进行人工或预录广播的功能。

  6 调度台应可编辑、发送、接收短信和多媒体消息，宜通过二次开发实现运营调度命令发布功能。

  7 调度台应具备视频上拉、视频推送、视频单呼、视频组呼、语音组呼叠加视频下推等功能。

  8 调度台在需要时应可选择列车进行列车位置、车次号等信息更新。

  9 调度台应支持派接、多选以及动态重组等功能。

  10 调度台呼叫应具有最高优先级和业务权限，调度员可强插、强拆正在通话的一般用户。

  11 调度台应支持直接拨号呼叫专用电话，可为手持台、固定台转接呼叫专用电话。

  12 调度台应具备通话监听和环境监听功能。

  13 调度台应根据用户设定的间隔校时，实现与系统时间同步。

3.4.3 车载台应具备下列功能：

  1 语音呼叫，包括并不仅限于请呼、单呼、组呼、紧急呼叫等。

  2 视频呼叫和接收调度下发视频。

  3 短数据及多媒体消息。

  4 在需要时应可请求更新列车位置、车次号。

  5 录音和回放功能，录音数据应能导出至外部存储器。

  6 操作日志记录，应能导出至外部存储器并可无线上传。

  7 开机自检和状态监控，可具备设备告警显示和上报。

  8 本地、远程升级。

9 与列车的联动和接口功能,包括拍下紧急停车按钮触发紧急呼叫、与列车广播接口等。

　　10 噪声抑制。

3.4.4 固定台应具备下列功能:

　　1 语音呼叫,包括并不仅限于请呼、单呼、组呼、紧急呼叫等。

　　2 视频呼叫和接收调度下发视频。

　　3 短数据及多媒体消息。

　　4 远程升级。

3.4.5 手持台应具备下列功能:

　　1 集群语音,包括并不仅限于语音单呼、组呼、迟后进入等。

　　2 视频及数据通信,包括并不仅限于视频单呼、组呼、视频上传等。

　　3 端到端直通工作。

　　4 噪声抑制。

　　5 远程升级。

　　6 宜具备北斗/GPS和小区定位。

3.4.6 系统安全应符合下列要求:

　　1 系统应具备鉴权功能。

　　2 系统应具备密钥管理和加载功能,宜采用国密算法。

　　3 系统应具备对核心网、BBU、RRU、调度台等设备数据访问控制的功能,通过账号和密码控制管理员/调度员不同的数据访问权限。

　　4 系统的信息安全防护能力应满足承载业务等级保护的要求。

　　5 系统应能通过遥毙功能远程禁用遗失或被盗的终端。

　　6 核心网设备应异地冗余备份设置,主备核心网之间应自动切换。

　　7 调度服务器、录音录像服务器等关键设备应热备设置。

8 核心网、基站等设备的关键部件应冗余备份配置。

3.4.7 网络管理子系统功能应符合下列要求：

1 系统应采用中文化、图形化管理界面，应能实现管辖范围内调度子系统、无线基站、无线终端、时钟服务器、交换机等所有相关设备的集成管理。

2 网络管理功能应包括无线系统拓扑管理、故障管理、性能管理、配置管理、用户管理、安全管理、基站集中管理、终端设备管理、日志管理以及自我诊断功能。

3 应对所有通话行为进行记录，应能对各类呼叫进行话务统计，所有数据记录应可输出至外接存储介质。

4 系统应以标准接口输出所管辖设备的下列信息：

 1）设备故障告警；

 2）系统管理、告警信息设置、当前告警处理；

 3）系统操作日志等信息；

 4）统计报告。

3.4.8 全自动无人驾驶线路系统的功能还应符合下列要求：

1 支持多个乘客 IPH 请求，应由行车调度台/乘客调度台选择通过车载台与列车 IPH 系统的连接实现与一路 IPH 设备对应的乘客进行视频对讲。

2 调度台应能实现对选择列车的预置广播。

3 可与综合监控系统连接，实现车载视频、车载状态数据在综合监控系统终端调看的功能。

3.5 系统性能要求

3.5.1 在 98% 统计概率下，在增益为 0 dBi 的机车车顶天线处的最小 RSRP 不应低于 -95 dBm，信干噪比不应低于 3 dB。

3.5.2 语音组呼建立时延不应大于 300 ms。

3.5.3 语音质量应高于 MOS 3 级。

3.5.4 连接建立失败率应小于1%。

3.5.5 越区切换成功率不宜小于99.9%。

3.5.6 单核心场景下切换时延不应大于100 ms,跨核心网场景下切换时延不应大于200 ms。

3.5.7 系统的可用性不应低于99.99%。

3.5.8 当系统双网覆盖时,集群业务在两网切换时间应小于60 s。

3.5.9 当核心网主备设置时,主备核心的切换时间不宜大于5 min。

3.6 系统设备技术要求

3.6.1 核心网技术指标应符合下列规定:

 1 吞吐量应大于10 Gbit/s,并可平滑扩展。

 2 基站接入数不应小于1 000个。

 3 用户容量不应小于50 000个。

 4 注册群组数不应小于10 000组,在线集群呼叫数不应小于4 000个。

 5 额定功耗不应大于3 500 W。

 6 MTBF不应小于200 000 h。

 7 MTTR不应大于30 min。

3.6.2 LTE基站应采用分布式形态,BBU和RRU应分立设置。

3.6.3 BBU设备的技术指标应符合下列规定:

 1 工作带宽应支持1.4 MHz、3 MHz、5 MHz、10 MHz。

 2 支持所有B-TrunC标准的UL/DL子帧配比。

 3 最大配置RRU不应小于6个。

 4 电源及主控板应1+1热备份,基带板应N+1备份。

 5 支持北斗/GPS/IEEE 1588 V2同步方式。

 6 支持基站共享,连接不同核心网的端口应独立设置。

7 MTBF 不应小于 150 000 h。

3.6.4 RRU 设备的技术指标应符合下列规定：

1 工作带宽应支持 1.4 MHz、3 MHz、5 MHz、10 MHz。

2 环境温度范围 −15℃～65℃。

3 发射功率小于等于 33 dBm/MHz。

4 承受风速不应小于 200 km/h。

5 通道配置不应低于 2T2R。

6 接收灵敏度：5 MHz 不应大于 −105 dBm。

7 MTBF 不应小于 150 000 h。

3.7 终端设备技术要求

3.7.1 调度台应采用基于主流操作系统的高性能、高可靠的计算机，配置的外围设备宜包括带 PTT 按键的鹅颈麦克风、扬声器和耳麦。

3.7.2 车载台宜由车载主机和车载台操作终端组成。车载主机宜安装在列车设备柜内，车载台操作终端应由列车司机操作台统一设计安装位置和方式。车载台的抗震、电磁兼容、防浪涌保护应满足车辆的相关要求。

3.7.3 车载台主机技术指标应符合下列规定：

1 工作方式：双工及半双工。

2 工作带宽：3 MHz、5 MHz、10 MHz。

3 天线接口：2 个射频接口，接口要求 N 型。

4 主机安装高度不应大于 2 U。

5 天线馈线：线缆外径不宜大于 10 mm。

6 工作电源：DC 70 V～140 V，连接车载台端应采用航空插头。

7 最大发射功率应小于等于 23 dBm/MHz。

8 接收灵敏度：3 MHz 不应大于 −102.2 dBm，5 MHz 不应

大于－100 dBm，10 MHz 不应大于－97 dBm。

3.7.4 车载台操作终端技术指标应符合下列规定：

1 宜采用标准化设计，安装尺寸为 250 mm（宽）×130 mm（高）×220 mm（深），采用触摸操作＋功能键盘。

2 送/受话器手柄宜在司机室驾驶台卡座安装，尺寸不宜大于 65 mm（宽）×190 mm（长）×58 mm（深），与面板连接线采用 8 芯的通信电缆，连接端采用航空接头。

3 音频输出功率：0.5 W（受话器），2 W（扬声器），功率可调。

4 与主机之间宜采用 2 根带屏蔽超五类网线连接，实现控制和供电，接头宜采用 8 芯 M12 插座。

3.7.5 固定台技术指标应符合下列规定：

1 屏幕尺寸不宜小于 7 in。

2 最大发射功率应小于等于 23 dBm/MHz。

3 接收灵敏度：3 MHz 不大于－102.2 dBm，5 MHz 不大于－100 dBm，10 MHz 不大于－97 dBm。

4 应配置手柄。

3.7.6 手持台技术指标应符合下列规定：

1 至少能显示各种通话信息、图像、信号场强及电池使用状态等，大屏手持台屏幕尺寸不应小于 4 in。

2 接收灵敏度：3 MHz 不应大于－102.2 dBm，5 MHz 不应大于－100 dBm，10 MHz 不应大于－97 dBm。

3 最大发射功率应小于等于 23 dBm/MHz。

4 存储容量不应小于 8 GB。

5 在发射：接收：待机为 5：35：60 工作模式下，待机时间不应小于 12 h。

6 防护等级不宜低于 IP67。

7 主摄像头像素不应小于 1 000 万像素。

3.8 系统间接口要求

3.8.1 基站和核心网之间的 S1-T 接口的流程和消息应符合现行行业标准《基于 LTE 技术的宽带集群通信(B-TrunC)系统(第二阶段)接口技术要求 集群基站与集群核心网间接口》YD/T 3852 的要求。支持主备功能的核心网与基站之间的接口,应采用行业标准化的协议。

3.8.2 集群核心网与调度台间的接口流程和消息定义宜满足现行行业标准《基于 LTE 技术的宽带集群通信(B-TrunC)系统(第二阶段)接口技术要求 集群核心网到调度台接口》YD/T 3854 的要求。

3.8.3 宽带数字集群系统终端的接口应符合下列要求:

1 空中接口应满足现行行业标准《基于 LTE 技术的宽带集群通信(B-TrunC)系统(第二阶段)接口技术要求 空中接口》YD/T 3850 的要求。

2 终端与集群核心网的接口应满足现行行业标准《基于 LTE 技术的宽带集群通信(B-TrunC)系统(第二阶段)接口技术要求 终端到集群核心网接口》YD/T 3851 的要求。

3.8.4 宽带数字集群核心网间应开放 eMME、eHSS、xGW、TCF、TMF 之间的接口,接口应符合现行行业标准《基于 LTE 技术的宽带集群通信(B-TrunC)系统(第二阶段)接口技术要求 集群核心网间接口》YD/T 3853 的要求。

3.8.5 宽带数字集群系统提供的调度台、车载台和固定台的二次开发接口应满足二次开发功能的开发需求。

3.9 与其他系统接口要求

3.9.1 通信传输系统应为 BBU 至核心网的连接配置 2 个以上

以太网接口,分别置于两块不同传输板卡。传输系统应支持 IEEE 1588V2 协议。

3.9.2 电源系统应为专用无线通信系统提供交、直流电源及综合接地。

3.9.3 宽带集群系统应在核心网侧设置与 TETRA 系统互联的网关设备,应实现两系统的语音组呼互通功能。

3.9.4 宽带集群系统应支持通过互联网关设备实现与通信专用电话系统互通,接口宜采用 SIP。

3.9.5 宽带集群系统宜支持将调度台选择的集群视频投屏在 COCC 大屏。

3.9.6 时间系统应在控制中心提供 NTP 时间信息作为宽带集群系统的时间同步源,接口应为标准以太网接口。

3.9.7 ATS 系统应定期提供列车运行信息和列车进/出正线的信息,接口宜为标准 IP 接口。

3.9.8 车辆系统应在列车两端为车载台分别提供 DC110V 直流电源。

3.9.9 车载台应为车辆 IPH 提供 IP 接口,应为车载广播提供 IP 或语音接口。

3.9.10 车载台宜与信号系统车载 LTE 设备共享车载天馈。

3.9.11 宽带集群网管系统应按照集中维护管理的要求,采用标准 SNMP 与其他系统对接。

3.9.12 宽带集群系统宜和广播系统对接,实现手持台对车站选区广播。

3.9.13 宽带集群系统与集中录音录像系统之间应通过标准 IP 接口互联。

3.10 标识和号码要求

3.10.1 群组号码和用户号码应采用统一的 8 位十进制数字编

号;号码从左到右应分别对应系统(1位)、线路(2位)、工作或部门类别(1位)、工作组(2位)和个人(2位)位。

3.10.2 同一类型的终端或同类型岗位所对应的用户号码或群组号码个人位宜保持一致。

3.10.3 车站、车辆基地等工作组编号应按照如下原则：

 1 线路为南北向时，自北向南开始编号。

 2 线路为东西向时，自西向东开始编号。

 3 线路有延伸线时，自一期工程向延伸线开始编号。

 4 线路有支线时，先主干线，后分支线；线路的主干线与分支线按建设时序确认。

3.10.4 系统每个终端设备对应一个IMSI编号，长度为15位十进制数。

3.11 音视频编解码要求

3.11.1 宽带集群核心网、宽带集群终端、录音录像服务器和调度台应通过信令协商音视频编码参数。

3.11.2 音视频编码参数应符合下列规定：

 1 音频编解码应支持AMR 12.2 kbps。

 2 AMR的发包周期应支持20 ms，宜支持40 ms。

 3 视频编解码应至少支持H.264，帧率应为25 fps。

 4 视频分辨率应至少支持CIF、D1和720P。

4 TETRA数字集群通信系统

4.1 系统组网

4.1.1 TETRA数字集群系统宜采用网关协议转换的方式与轨道交通宽带数字集群系统互联,并应实现跨系统语音互通功能。

4.1.2 TETRA数字集群系统交换中心应资源共享、冗余热备。

4.1.3 TETRA数字集群系统应利用轨道交通通信传输系统提供的通道完成系统组网。

4.1.4 TETRA数字集群系统应采用三层网络架构,由核心层、线路层、接入层设备组成。

4.1.5 核心层设备应由交换中心设备和核心网管组成,实现系统的核心交换控制和统一管理。

4.1.6 线路层设备应由基站、直放站、天馈系统、调度系统、线路网管等组成,实现各线路范围内的无线信号覆盖和设备监控功能。

4.1.7 接入层设备应由各类无线终端组成,实现各类用户的呼叫和数据接入。

4.1.8 基站、调度台、网管应通过双链路分别连接至主、备交换中心。

4.2 系统设置

Ⅰ 业务设置

4.2.1 TETRA数字集群系统应以承载调度语音业务为主,配合承载部分数据、电话互联等业务。

4.2.2 TETRA数字集群系统内的通话应以半双工组呼为主,辅以少量的双工单呼。

4.2.3 TETRA数字集群系统承载的数据应以短数据为主,并可开展分组数据传送。

Ⅱ 频率设置

4.2.4 TETRA数字集群系统应从全网角度对频率进行统一规划,合理利用资源。

4.2.5 轨道交通TETRA数字集群系统所使用的无线电频率应取得上海市无线电管理部门的行政许可。

4.2.6 基站配置载频数量应根据话务量计算结果确定。

4.2.7 换乘站频率设置应根据信号覆盖方案确定,避免同频干扰。

4.2.8 车辆基地基站的频率应避免与地面、高架线路的干扰。

Ⅲ 信号覆盖

4.2.9 TETRA数字集群系统信号覆盖范围应包括COCC、线路OCC、车站、线路区间及联络线等,车辆基地可根据运营需求进行覆盖。

4.2.10 COCC和线路OCC的覆盖区域应为调度指挥大厅及相关作业区域。

4.2.11 车站覆盖区域应包括站台、站厅公共区、车控室和客服中心、警务站、交汇站线路间的换乘通道及有关联络线、设备区主通道和通信、信号、牵引变电等重要机房,枢纽站还应覆盖出入口区域。

4.2.12 车辆基地信号覆盖区域应包括DCC、信号楼控制室、运用库(停车列检库)及检修库、车辆基地地面行车区域、出入段线及试车线。

4.2.13 一般线路宜采用基站带直放站的方式进行无线信号

覆盖。

4.2.14 大型枢纽换乘站应至少设置1个独立基站进行信号覆盖，其他线路在该站可设基站或直放站。

4.2.15 多线共享的车辆基地可共享基站。

4.2.16 区间无线电信号的覆盖应采用漏泄电缆方式；地下区间在隧道洞壁单侧敷设；地面线路、高架区间宜采用上、下行线路的一侧敷设，弱场区段可采用上、下行线路双侧敷设的方式进行补强。在长大区间应增设直放站进行信号补充覆盖。

4.2.17 站厅层及设备层无线信号覆盖宜采用天线或天线阵方式。岛式站台无线信号宜采用轨行区漏泄电缆直接覆盖；侧式站台无线信号覆盖宜采用天线或天线阵。

4.2.18 车辆基地地面的无线信号覆盖应采用架设天线方式，库内无线信号覆盖应采用光纤直放站带天线阵方式。

Ⅳ 编号设置

4.2.19 TETRA数字集群系统的用户应统一编号。原则应为全网编号，并具有连续性及规律性。

4.2.20 TETRA数字集群系统应为每个移动用户和群组分配1个唯一的用户识别码。

4.2.21 用户号码宜采用7位编号：第7位为系统代号，第6、5位为线路编号，第4位为用户类型编号，第3、2位为工作组编号，第1位为用户编号。

Ⅴ 用户配置

4.2.22 系统应为各条线路行车调度员、防灾调度员、维修调度员及DCC行车调度员对应配置调度台。

4.2.23 系统应为各车站车控室行车值班员配置固定台。

4.2.24 系统应为每列列车两端驾驶室各配置1套车载台。

4.2.25 系统应为运营管理人员、车站管理人员、维保公司设备管理人员、列车司机配置手持台。

4.2.26 系统应为维护管理人员设置网管设备,管理全网或线路内相关的设备和用户。

Ⅵ 通话组设置

4.2.27 系统应设置列车、车站、车辆专业、维修专业、驾驶员通话组等,根据运营需求可设置车辆基地通话组。

4.2.28 每个用户应根据使用需要编入1个或多个通话组的识别码。

4.2.29 系统应把通话组名称编程写入用户终端。

4.3 设备组成

4.3.1 交换中心设备应包括完成控制、语音处理、管理、数据、交换、电话互联等功能的设备。

4.3.2 网管系统应由网管服务器、网管终端、网络设备等组成。

4.3.3 调度系统应包括调度台、二次开发调度设备、调度辅助设备、网络设备和录音设备。

4.3.4 基站应由基站控制器、收发信机、电源模块、射频分配单元等组成。

4.3.5 光纤直放站应包括近端机和远端机。近端机应包括射频模块、光电转换模块、电源模块、监控模块、光分模块等,远端机应包括射频模块、光电转换模块、电源模块、功放等。

4.3.6 天馈线设备应包括功分器、耦合器、射频缆、天线、漏泄电缆、防雷器、接地件等。

4.3.7 车载台和固定台应由主机、操作终端、送/受话器、天线等组成。

4.4 系统主要功能

Ⅰ 系统基本功能

4.4.1 TETRA数字集群系统应具有以下基本功能：

1 单呼、组呼、全呼及紧急呼叫。

2 呼入呼出限制、呼叫限时。

3 排队和遇忙回叫。

4 来话显示与缩位拨号。

5 预先定义状态信息传送、短数据传输、分组数据传输，数话同传。

6 单站集群通信。

7 通话录音处理。

8 通话组扫描/优先监视功能、强拆。

9 迟后进入、超出服务区指示。

10 调度优先级。

11 直通工作方式呼叫。

12 故障显示、故障弱化、计费管理。

13 遥毙、复活。

4.4.2 网络管理系统应满足以下要求：

1 网络管理系统应实现对系统核心层设备、系统基站、直放站、二次开发调度台和辅助调度服务器等所有相关设备的实时监控功能。

2 网络管理系统应具有以下功能：

1）设备故障显示；

2）故障历史信息查询；

3）网管用户管理；

4）系统管理：告警信息设置、当前告警处理、系统参数设置；

5）无线用户管理：位置信息、呼叫历史查询、无线用户的配置管理；

6）信息记录和存储；

7）统计报告。

3 除交换中心所设的网管具有最高修改和配置的权限外，其他控制中心的分网管只具有修改和配置本线设备的权限。

4 网络管理设备输出内容的时间和精度、数据管理能力等应满足系统和用户使用要求。

Ⅱ 用户终端功能

4.4.3 调度台应具有以下功能：

1 为调度员提供计算机图形用户界面，采用鼠标点击或操作附件的方式完成调度。

2 登录密码保护。

3 单呼、组呼、全呼和紧急呼叫。

4 添加、转移车辆，并可对列车车次号、上/下行方向、所在位置等信息修改，可用多种方式对某部或多部列车选择呼叫。

5 正线/车辆基地组呼叫、上/下行列车组呼、基于位置的呼叫、应答车载台的呼叫请求。

6 对选定列车、上/下行列车、全线列车广播。

7 车载台转组自动应答、车载台自动或手动位置请求、电话转接。

8 同时监测多个通话组，并能随时优先插入被监听的通话组进行通话。

9 编辑和发送中文文本信息（包含预定义的短消息）、接收短消息和状态消息。

10 查询某组内用户、手动动态删除组成员、查询用户所在组、呼叫记录显示和查询、转接车辆基地调度。

11 动态重组、通话组派接。

  12 接收解析信号系统 ATS 信息。
  13 与调度辅助服务器的网络连接状态显示、ATS 信号链路故障显示。

4.4.4 车载台应具有以下功能：
  1 一般功能：
    1）上电自检；
    2）自动寻位；
    3）注册/注销请求；
    4）手动寻位；
    5）上传车次号；
    6）车载台本机设置。
  2 呼叫功能：
    1）请求呼叫（调度/车站）；
    2）紧急呼叫；
    3）接收调度直接、派接的呼叫。
  3 数据传输功能：
  接收和发送预定义消息、自由文本信息。

4.4.5 手持台应具有以下功能：
  1 信号强度显示。
  2 人工转组功能。
  3 电池容量指示。
  4 专用紧急呼叫。
  5 基站选择倾向。
  6 直通工作方式。

4.4.6 TETRA 数字集群系统二次开发宜采用标准化的设计，使各线界面、操作、功能、接口等保持一致。

Ⅲ 系统安全

4.4.7 TETRA 数字集群系统应支持直接鉴权功能。

4.4.8 TETRA数字集群系统应支持密钥管理和加载功能。

4.4.9 TETRA数字集群系统应具有对交换中心、基站、调度台等设备数据访问控制的功能,通过账号和密码控制管理员/调度员不同的数据访问权限。

4.4.10 TETRA数字集群系统应通过边界路由器与二次开发系统互连,以实现网络安全认证隔离。

4.4.11 TETRA数字集群系统应合理规划设备地址实现线路间的安全隔离,应用开发接口应配置防病毒等安全工具。

4.4.12 TETRA数字集群系统应能通过遥毙功能远程禁用遗失或被盗的用户台。

Ⅳ 冗余备用功能

4.4.13 交换中心中的控制、语音处理、交换设备应支持异地冗余热备份功能,具备各基站、调度台等设备在主备交换中心之间的自动切换功能。

4.4.14 调度服务器、辅助调度服务器应具有冗余热备份功能。

4.4.15 基站应配备冗余热备份的基站控制设备和电源模块。

4.4.16 基站中工作的信道机发生故障时,其他信道机应能自动接替工作。

4.4.17 远端直放站电源模块、功放模块应具有冗余热备份功能。

4.5 系统主要技术指标

4.5.1 语音质量应高于 MOS 3 级。

4.5.2 覆盖范围内的时间地点概率不应小于 95%。

4.5.3 覆盖范围内场强不应小于 −85 dBm。

4.5.4 终端呼叫建立时间不应大于 500 ms。

4.5.5 终端越区切换时间不应大于 800 ms。

4.6 设备主要技术要求

Ⅰ 无线交换中心设备

4.6.1 交换节点设备应满足以下主要技术指标：
    1 可接入基站数不应小于 100 个。
    2 可配置载频数不应小于 250 个。
    3 每节点可接入固定台和移动台数不应小于 50 000 个。
    4 调度台接口数不应小于 50 个。

4.6.2 在系统正常运行时,设备应能平滑稳定地连续升级扩容。

4.6.3 交换中心切换时,异地热备份网元设备自动接替工作,调度语音业务的中断时间应小于 5 min。

4.6.4 交换中心核心设备的平均无故障工作时间不应小于 25 000 h。

Ⅱ 基 站

4.6.5 发信机应满足下列规定：
    1 载波输出功率不应小于 5 W(可调)。
    2 靠近载波的无用发射最大允许电平应为 -60 dBc(偏离标称载波频率 25 kHz)。
    3 远离载波的无用发射最大允许电平应为 -36 dBm(测量带宽 100 kHz)。
    4 宽带噪声的最大允许电平应为 -80 dBc(偏离标称载波频率 100 kHz~250 kHz)。
    5 互调衰减不应小于 70 dB(测量带宽为 30 kHz)。
    6 端口特性阻抗应为 50 Ω 不平衡。
    7 驻波比应小于 1.5。
    8 频率稳定度应为 0.1 ppm。
    9 RMS 峰值矢量误差应小于 10%。

10 峰值矢量误差应小于30%。

11 平均无故障工作时间不应小于25 000 h。

4.6.6 接收机应满足下列规定：

1 接收灵敏度应为－115 dBm(静态)、－106 dBm(动态)。

2 同频道干扰保护比不应小于19 dB。

3 邻频道干扰保护比不应小于－45 dB。

4 寄生响应抗扰性应为70 dB。

5 互调响应抗扰性应为68 dB。

6 阻塞电平宜为－40 dBm(偏离标称接收机频率50 kHz～100 kHz)。

7 接收状态时的发射最大允许电平应为－57 dBm(频率范围9 kHz～1 GHz)。

8 处于非发射状态时的机壳辐射最大允许电平应为－57 dBm(频率范围30 MHz～1 GHz)。

9 输入端阻抗应为50 Ω不平衡。

10 平均无故障工作时间不应小于25 000 h。

Ⅲ 数字光纤直放站及天馈线

4.6.7 数字光纤直放站单系统应满足下列规定：

1 系统最大增益不应小于50 dB±3 dB，增益调节范围不宜小于30 dB。

2 无干扰下的系统时延不应大于6 μs(宽频)/20 μs(选频)。

3 平均无故障工作时间不应小于20 000 h。

4.6.8 数字光纤直放站近端机应满足下列规定：

1 输入射频功率应小于10 dBm。

2 驻波比应小于1.5。

3 光输出功率不应小于0 dBm。

4 光接收灵敏度不应大于－15 dBm。

5 三阶互调抑制不应小于36 dBc。

    6 光端口回波损耗不应小于45 dB。

4.6.9 数字光纤直放站远端机应满足下列规定：

    1 最大输出功率不应小于40 dBm。

    2 射频输入、输出阻抗应为50 Ω不平衡。

    3 驻波比应小于1.5。

    4 噪声系数不应大于5 dB(满功率输出)。

    5 光端口回波损耗不应小于45 dB。

    6 三阶互调抑制不应小于36 dBc。

    7 无用发射不应大于—36 dBm(9 kHz~1 GHz)。

    8 带外抑制不应小于40 dB。

    9 带内波动应在标称值的±3 dB区间内。

    10 功放冗余热备份：在单路下行放大器失效时，输出功率下降不应大于6.5 dB，并具有自动倒换和网管监控功能。

4.6.10 天馈线驻波比在工作频段内应小于1.5。

Ⅳ　手持台

4.6.11 发信机的发射功率不应大于1 W，并可自适应调整。

4.6.12 接收机的参考灵敏度应为—112 dBm(静态)、—103 dBm(动态)。

Ⅴ　固定台(车载台)

4.6.13 发信机的发射功率不应大于3 W，并可自适应调整。

4.6.14 接收机的参考灵敏度应为—112 dBm(静态)、—103 dBm(动态)。

4.7　接口要求

4.7.1 TETRA系统宜在核心网侧设置与宽带集群系统的互联网关，实现两系统的终端语音组呼互通功能。

4.7.2 TETRA二次开发系统应利用通信网络共用信息网时间同步系统提供的统一时间信息进行时间同步。

4.7.3 TETRA数字集群系统与通信公务电话系统宜采用IP方式连接，支持标准信令的互联。

4.7.4 TETRA数字集群系统与车辆的接口包括紧急告警接口、广播接口、数据传输接口，接口类型应符合车辆要求。

4.7.5 司机遇见紧急情况需要紧急停车时，按下紧急停车按钮产生紧急告警，应自动触发车载台发起紧急呼叫。

4.7.6 车载台收到调度发起调度广播命令后，应将广播端口闭合请求发送至列车广播系统，并将调度台语音广播传送给广播系统。

4.7.7 车载台利用车辆提供的电源，其安装、缆线敷设应符合车辆要求。

4.7.8 TETRA数字集群系统与信号ATS系统的接口可采用RJ45或者RS422类型接口。

4.7.9 TETRA数字集群系统应定期接收并解析ATS系统提供的信息，包括：

1 每隔一定时间间隔发送的包括全部列车的实时信息。

2 相应车辆的进入/离开正线的信息。

5 其他要求

5.0.1 系统设备机房的环境、空调、消防、供电、接地和电磁环境条件应符合现行国家标准《数据中心设计规范》GB 50174 中 B 级数据中心的规定。

5.0.2 城市轨道交通专用无线通信车载设备应利用列车提供的电源供电；车站、车辆基地、区间、中心系统设备应按一级负荷供电，并应配备 UPS，后备时间不应少于 2 h。

5.0.3 车站、车辆基地和核心系统设备应采用综合接地方式，车载设备应接地至车辆接地端子，轨旁系统设备应在行车区间接地。

5.0.4 防雷接地应符合现行国家标准《通信局（站）防雷与接地工程设计规范》GB 50689 和《建筑物电子信息系统防雷技术规范》GB 50343 的规定。

5.0.5 设备布置及防护应符合下列要求：

1 机房设备布置应符合现行国家标准《数据中心设计规范》GB 50174 的规定。设备应适应轨道交通使用环境，具有电气化防护、抗干扰、防雷击、防震动、防潮、防尘的能力和措施。

2 地下线路和所有车站内的线缆应采用无卤、低烟、防腐蚀、防水的阻燃材料，地面和高架区间使用的线缆还应具有防雨淋和抗紫外线能力。

3 设备安装、线缆敷设和管线安装应符合现行国家标准《城市轨道交通通信工程质量验收规范》GB 50382 的规定。

4 室外设备防护等级不低于 IP65。

本标准用词说明

1 为便于在执行本标准条文时区别对待,对要求严格程度不同的用词说明如下:
   1) 表示很严格,非这样做不可的用词:
      正面词采用"必须";
      反面词采用"严禁"。
   2) 表示严格,在正常情况下均应这样做的用词:
      正面词采用"应";
      反面词采用"不应"或"不得"。
   3) 表示允许稍有选择,在条件许可时首先应这样做的用词:
      正面词采用"宜";
      反面词采用"不宜"。
   4) 表示有选择,在一定条件下可以这样做的用词,采用"可"。

2 本标准中指明应按其他有关标准、规范执行的写法为"应符合……的规定(或要求)"或"应按……执行"。

引用标准名录

1. 《数据中心设计规范》GB 50174
2. 《通信局(站)防雷与接地工程设计规范》GB 50689
3. 《建筑物电子信息系统防雷技术规范》GB 50343
4. 《城市轨道交通通信工程质量验收规范》GB 50382
5. 《基于LTE技术的宽带集群通信(B-TrunC)系统(第二阶段)总体技术要求》YD/T 3839
6. 《基于LTE技术的宽带集群通信(B-TrunC)系统(第二阶段)接口技术要求 空中接口》YD/T 3850
7. 《基于LTE技术的宽带集群通信(B-TrunC)系统(第二阶段)接口技术要求 终端到集群核心网接口》YD/T 3851
8. 《基于LTE技术的宽带集群通信(B-TrunC)系统(第二阶段)接口技术要求 集群基站与集群核心网间接口》YD/T 3852
9. 《基于LTE技术的宽带集群通信(B-TrunC)系统(第二阶段)接口技术要求 集群核心网间接口》YD/T 3853
10. 《基于LTE技术的宽带集群通信(B-TrunC)系统(第二阶段)接口技术要求 集群核心网到调度台接口》YD/T 3854

标准上一版编制单位及人员信息

DG/TJ 08—104—2014

主 编 单 位：上海市交通委员会
　　　　　　上海申通轨道交通研究咨询有限公司
参 编 单 位：中铁上海设计院集团有限公司
主要起草人：洪　翔　纪文莉　周　晨　柏　锋　卢　滢
　　　　　　齐　梅　陈泽尉　袁志赛　刘　辉　张立东
　　　　　　郑燕燕　王大庆　刘　瑶　阮　文　杨　雁
　　　　　　柳　俏
主要审查人：郑国莘　占海燕　薛小平　张国芳　邹劲柏
　　　　　　秦　方　赵晓蓉

上海市工程建设规范

城市轨道交通专用无线通信系统技术标准

DG/TJ 08—104—2022
J 10343—2022

条文说明

2024　上海

目　次

1 总则 ································ 37
2 术语和缩略语 ······················ 38
　2.1 术　语 ························ 38
3 宽带集群通信系统 ·················· 39
　3.1 系统架构和组成 ················ 39
　3.2 无线信号覆盖 ·················· 41
　3.3 工作频段和信道带宽 ············ 41
　3.4 系统业务与功能要求 ············ 41
　3.5 系统性能要求 ·················· 43
　3.8 系统间接口要求 ················ 44
　3.10 标识和号码要求 ··············· 45
4 TETRA 数字集群通信系统 ············ 47
　4.1 系统组网 ······················ 47
　4.2 系统设置 ······················ 47
　4.4 系统主要功能 ·················· 48
　4.6 设备主要技术指标 ·············· 49
5 其他要求 ·························· 50

Contents

1 General provision 37
2 Terms and abbreviation 38
   2.1 Terms 38
3 Broadband trunking communication system 39
   3.1 System architecture and design 39
   3.2 Wireless signal coverage 41
   3.3 Frequency band and width 41
   3.4 Service and system function requirements 41
   3.5 System performance requirements 43
   3.8 System inner interface requirements 44
   3.10 Identity and number requirements 45
4 TETRA digital trunking system 47
   4.1 System networking 47
   4.2 System setting 47
   4.4 System general function 48
   4.6 Equipment technical requirements 49
5 Other requirements 50

1 总 则

1.0.1 本条对专用无线通信系统的基本功能和定位作了规定。城市轨道交通目前存在多种无线通信系统，本标准针对主要供运营管理使用的调度指挥无线通信系统的技术要求作了明确规定。

1.0.2 城市轨道交通包括地铁系统、轻轨系统、单轨系统、有轨电车、磁浮系统、自动导向轨道系统、市域快速轨道系统等多种制式，本条结合不同制式城市轨道交通专用无线通信系统技术应用情况明确适用范围。鉴于当前有轨电车的无线通信系统多以共享政务网、运营商无线网为主，磁浮系统自建其他制式的无线通信系统，大部分的市域快轨需与国铁互通运营采用对应的系统，因此本标准主要适用于城市轨道交通中地铁、轻轨的专用无线通信系统。

2 术语和缩略语

2.1 术 语

2.1.1 宽带集群通信(B-TrunC，Broadband Trunking Communication)是由宽带集群(B-TrunC)产业联盟组织制定的"LTE 宽带接入+宽带多媒体集群"专网宽带集群系统标准，系统接入方式为正交频分复用多路接入(OFDMA)，采用时分双工(TDD)，信道带宽 1.4 MHz、3 MHz、5 MHz、10 MHz。

2.1.3 TETRA 系统接入方式为时分多址(TDMA)，每载频 4 个时隙，调制方式为 π/4QPSK，载频间隔为 25 kHz，信道数据速率为 36 Kbit，语音编码方式为 ACELP。

3 宽带集群通信系统

3.1 系统架构和组成

3.1.2 城市轨道交通专用无线通信系统接入网共享架构,采用MOCN(Multi-Operator Core Network,多运营商核心网)接入网共享模式。宽带集群核心网与行车控制核心网通过不同的PLMN(公共陆地移动网络)区分,T-eNB(集群基站)为多个业务的核心网络提供接入网服务,如图3-1所示。

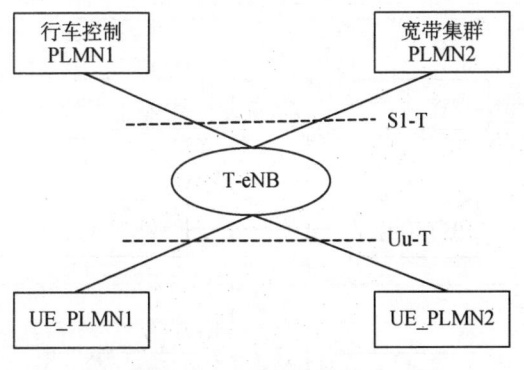

图 3-1 接入网共享架构

3.1.3 集群核心网接入能力很强,为充分利用核心网资源、提高系统互联互通度,集群核心网应根据业务负荷、线路建设时序,采取多条线路共享。

3.1.4 鉴于上海轨道交通网是个有20多条线路的大规模线网,若全网均共享集群核心网,当核心网出现故障或核心网进行升级、维护等操作时,造成的影响会非常严重。因此,上海轨道交通采用多套核心网,单套核心网内采取热备冗余,接入的线路数量建议在8条左右,具体接入的线路宜根据线路规模和建设时序确定。

宽带集群多核心网架构下,系统由分布的多个宽带集群核心网、LTE宽带集群终端、LTE数据终端、LTE宽带集群基站T-eNB、调度台DC组成。TCF通过Tc1接口连接THSS,传输集群用户和业务的签约信息;TCF/TMF间通过Tc2接口传递信令和媒体数据;eMME间通过S10接口连接;xGW间通过S5/S8接口连接。具体如图3-2所示。

宽带核心网通过网关设备与TETRA集群网互联,实现两网之间的通话组互通。

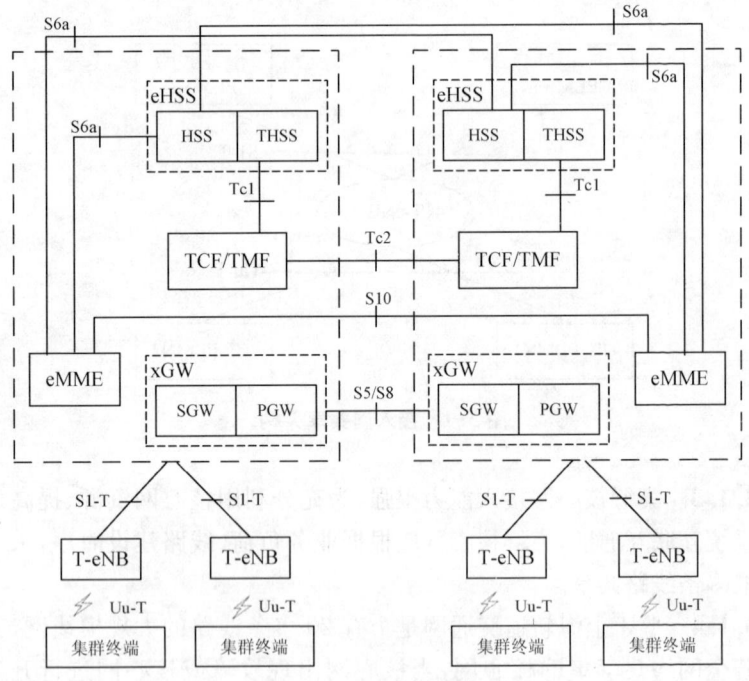

图3-2 多核心网架构

3.1.5 eMME 是移动管理实体,负责移动性和承载管理;eHSS 是签约数据管理中心和鉴权中心,负责用户数据的管理;xGW 由 SGW 和 PGW 两个逻辑网元合设组成,负责集群承载建立、修改和删除以及集群数据路由和转发;TCF 负责集群业务的控制管理;TMF 负责集群业务的数据传输。

固定台是集群通信系统中的固定终端,设在沿线各车站控制室的值班员工作桌上,供值班员使用。值班员可通过固定台与控制中心调度员进行语音和数据通信。

车载台是集群通信系统中的列车车载终端用于司机与控制中心调度员的通信,接收调度员的下发指令。

考虑到技术发展,网管服务器、网管终端可以采用云化虚拟部署。

3.2 无线信号覆盖

3.2.2 地铁、轻轨等制式,在区间内轨道旁有条件敷设漏泄电缆的系统应采用漏泄电缆覆盖;若因轨行区现场不具备敷设漏泄电缆的条件,则可采用天线覆盖。

3.3 工作频段和信道带宽

3.3.2 一般轨道交通地下线路可以使用 20 MHz 频宽,但地面或高架线路的频率要根据线路周边情况获批,可能是 5+5 MHz 双网覆盖,也可能是 3+1.4 MHz 双网覆盖。因此,提出系统支持的工作带宽还包括 1.4 MHz、3 MHz。

3.4 系统业务与功能要求

3.4.1 城市轨道交通专用无线通信系统集群类业务分类及其支

持度要求见表 3-1~表 3-4。

表 3-1 集群语音业务要求

细分业务类型	支持度 必选/可选
全双工语音单呼	必选
语音组呼	必选
半双工语音单呼(无应答)	可选

表 3-2 集群多媒体业务要求

细分业务类型	支持度 必选/可选
可视单呼	必选
同源视频组呼	必选
视频推送给组	必选
视频转发给组	必选
视频上拉	必选
视频回传	必选
视频推送给单 UE	必选
视频转发给单 UE	必选
语音组呼叠加视频下推	必选
语音组呼叠加视频转发	必选
不同源视频组呼	可选
同源视频组呼和不同源视频组呼转换	可选

表 3-3 集群数据业务要求

细分业务类型	支持度 必选/可选
实时短数据	必选
组播短消息	必选

续表 3-3

细分业务类型	支持度	必选/可选
广播短消息		可选
状态数据		可选

表 3-4 集群补充业务要求

细分业务类型	支持度	必选/可选
紧急呼叫		必选
组播呼叫		必选
动态重组		必选
遥毙/遥晕/复活		必选
强插/强拆		必选
调度台订阅		必选
故障弱化		必选
全呼		可选
集团短号		可选
调度区域选择		可选
预占优先呼叫		可选
调度台监听		必选
环境监听		可选
环境监视		可选

3.4.6 专用无线通信系统综合承载了信号系统业务，建议其无线传输相关设备作为信号系统的一部分进行等级保护测评，满足信号三级等保对于通信传输安全性等的要求。

3.5 系统性能要求

3.5.3 语音质量的等级通过主观评价的方法，将用户接听到的语音质量进行量化,并计算平均意见得分(Mean Opinion Score,MOS),其分值含义如表 3-5 所示。

表 3-5 平均意见得分值对照表

平均意见得分	语音质量
5	优
4	良
3	中
2	差
1	劣

3.5.4,3.5.5 连接建立失败概率是指连接建立失败次数与连接建立请求总次数之比值。越区切换成功率是指越区切换成功次数与越区切换总次数之比值。

3.5.7 单个组件的可用性:MTBF/(MTBF+MTTR)。但系统的可用性要通过将系统建模为串联和并联的多个组件来计算。一个系统的可靠性并不完全取决于硬件,而由软件和硬件共同来决定,需要系统监控自己的服务,在服务出现异常或者宕机的时候能及时恢复。

3.8 系统间接口要求

3.8.1 核心网间接口见表 3-6。

表 3-6 核心网间接口

接口	应用协议	传输协议	连接网元
S6a	Diameter	SCTP	eMME<---->eHSS
S10	GTP-C	UDP	eMME<---->eMME
S5	GTP	UDP	xGW<---->xGW
Tc2-C	SIP	UDP	TCF<---->TCF
Tc2-U	RTP	UDP	TMF<---->TMF

3.10 标识和号码要求

3.10.1 用户群组号码编号见图3-3。

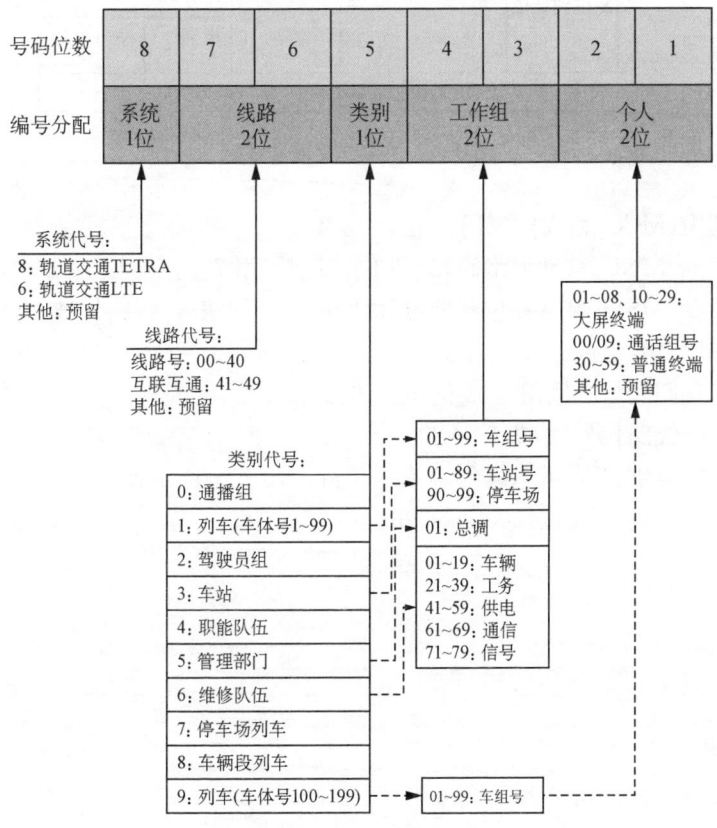

图3-3 用户群组编号规则

3.10.4 IMSI编号规则见图3-4。

域从高位到低位	MCC	MNC	MSIN
长度	3位	3位	9位

MSIN域从高位到低位	归属核心网编号	线路代号	序号	
			类别	序列号
长度	2位	2位	1位	4位

图3-4 用户群组编号规则

其中,MCC:移动国家码,3位,为460。

MNC:移动网络码,2~3位,目前采用799。

MSIN域从高位到低位:由归属核心网编号、线路代号、类别和序列号组成。

归属核心网编号:2位,01~99。

线路代号:2位,01~99。

类别:1表示车载台,2表示手持台,3代表固定台。

序列号:4位,0000~9999。

4 TETRA 数字集群通信系统

4.1 系统组网

4.1.1 TETRA 数字集群系统采用网关协议转换的方式与轨道交通宽带数字集群系统互联，才能实现两系统之间相互通信和联动所需的互操作功能，满足网络化运维团队在各线路通信的需求。

4.1.2、4.1.3 较之于原标准，为使标准更简洁、明确，删除了原标准中有关系统制式的条款，简化了有关交换中心设置的条款。

4.2 系统设置

Ⅱ 频率设置

4.2.7 同频的系统会对 TETRA 数字集群系统产生阻塞干扰和杂散干扰，严重影响系统正常运行。

Ⅲ 信号覆盖

4.2.16 长大区间即两侧车站采用漏泄电缆覆盖一半距离、最远端场强达不到设计要求的区间，需要增加直放站远端机，延长漏泄电缆覆盖距离。

Ⅵ 通话组配置

4.2.27 根据轨道交通运营的实际情况，设置的各通话组如下：
  1 列车通话组：每列车设置为一个通话组。
  2 车站通话组：每条线的各个车站设置的通话组。

3 车辆基地通话组：各条线的车辆基地设置为一个通话组，供车辆基地运转值班员、调车员、信号楼值班员等之间通信联络的通话组。

4 维修通话组：包括信号、通信、综合监控（如有）、车辆、工务、供电、客运等专业根据使用需求设置的各通话组。

5 驾驶员通话组：每条线路司机配备手持台设置的通话组。

删除了原标准中的降级通话组。

4.4 系统主要功能

Ⅰ 系统基本功能

4.4.1 部分功能说明如下：

缩位拨号：系统支持移动台的缩位拨号，即当被叫用户的前几位号码与主叫相同时，只需拨后面不同的号码，系统会自动识别。

单站集群功能：当基站与交换中心通信失效时，基站能够自动切换至故障弱化模式，为其所覆盖的所有用户提供单站集群功能，实现用户登记和加入、组呼、呼叫排队、排队优先权、迟后加入等功能，并定期向用户播报其工作方式。基站应能自动监测和交换中心的通信，一旦连接恢复正常将自动返回正常集群模式。

通话组扫描/优先监视：系统允许每个用户台除了在自己的通话组工作外，还可以监听（扫描）其他所选通话组的通信。优先监视功能指即使用户已经处于一个组呼中，它仍然可以监测到高优先级的呼叫。

迟后进入：由于没有开机，或正处于一个通话中，或处于信号盲区，一些通话组的成员可能在呼叫发起时不能加入通话。系统允许通话组成员迟后加入正在进行的组呼。

直通工作方式（DMO）：移动台在不受网络基础设施控制的情况下相互直接进行通信的方式。

遥毙、复活：系统可临时关闭一个用户机，在临时遥毙的情况下，移动台不能接收和发送呼叫。移动台将一直处于这种状态，直到系统管理员重新复活/开启它的服务。

4.4.4 删除了降级模式工作的要求。

4.6 设备主要技术指标

Ⅲ 数字光纤直放站及天馈线

4.6.7～4.6.9 上海轨道交通新增光纤直放站均采用数字直放站，故修正补充了相关要求。

5 其他要求

5.0.1～5.0.5 本章中的条款主要是对专用无线通信系统的设备机房、供电和接地、布置及防护等提出要求。鉴于宽带集群系统和TETRA数字集群系统的相关要求基本一致,因此统一提出相关技术要求。